Lk⁷ 1951

NOTICE

SUR

CHASSELAY,

DÉPARTEMENT DU RHÔNE.

LYON,
IMPRIMERIE DE LÉON BOITEL
QUAI ST-ANTOINE 36

1852.

NOTICE

SUR

CHASSELAY,

DÉPARTEMENT DU RHÔNE.

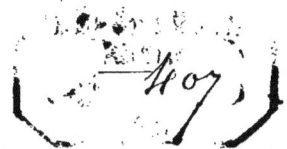

Chasselay n'est pas une bourgade perdue au fond de quelque vallée obscure, loin des grandes voies de communication et des grands centres d'industrie ; les titres qui le recommandent à l'attention publique, n'ont point échappé aux écrivains anciens ou modernes de la Province du Lyonnais. Les documents abondent, et, pour donner une idée exacte de cette commune, nous n'avons presque qu'à les réunir et à les disposer dans un ordre convenable.

Elle est située à 18 kilomètres au nord de Lyon ; sa population se compose de 1231 habitants ; sa superficie de 1278 hectares ; elle comprend 295 maisons et paye 18,877 fr. d'impôt ; elle fait partie du canton de Limonest.

Son ancienneté ne saurait être révoquée en doute. L'un des premiers historiens de Lyon, le savant Jésuite Ménestrier, lui attribue une origine latine.

Après avoir parlé de Couzon dans sa IIIe dissertation, page 21, il ajoute : « La plupart des villages voisins ont retenu des noms « dérivés de noms romains : Chasay, de *Cassius*, *Cassiacum* ; « Chasselay, de *Cassilius*. »

Plus loin, dans sa IV⁰ dissertation, page 25, il s'exprime ainsi :
« Ce fut Marc-Antoine, questeur de Jules César, qui établit
« quelques soldats dans le Mont-d'Or pour cultiver ces lieux fer-
« tiles et bien situés, ce qui fit donner le nom d'*Ala colonia* et de
« *Cohors colonica* aux villages de Collonge et de Cozon, comme
« *Calpurnius*, *Lucius*, *Cassilius* laissèrent leur nom à Cha-
« ponost, Lissieu, Chasselay. »

Il y revient encore, à la page 43 de son *Histoire civile* : « Le
« quartier de César, continue-t-il, était du côté de Tassin et d'É-
« cully, où la plupart de ses tribuns et de ses lieutenants donnè-
« rent leurs noms aux endroits qu'ils occupaient : ainsi, Marcilly
« tire son nom de *Marcellus*, Chasselay, de *Cassilius*. »

M. Monfalcon, bibliothécaire de la ville de Lyon, dont l'ouvrage est le plus récent qui ait paru sur cette cité, admet, tome
1ᵉʳ, page 48, la station des légions de Rome dans cette partie
du pays des Ségusiens. Il indique qu'elles s'y étaient retranchées
sur les communes de Grézieux, Craponne, Saint-Genis-les-Ollières
et Tassin. Il signale les restes de la porte prétorienne à 50 mètres de la route de Bordeaux, et il répète après Ménestrier : « Des
« chefs militaires occupèrent les lieux voisins du camp principal
« et leur imposèrent les noms qu'ils portaient : c'est ainsi que
« Marcilly tire son nom de *Marcellus*, et que *Cassilius* donna
« le sien à Chasselay. »

En ce qui touche cette dernière localité, un examen attentif
fortifie l'assertion des auteurs. Il existe à Chasselay, dans un
bois appartenant à M. Joannard, sur un plateau appelé Montmain,
les vestiges d'un poste militaire. Relevées en talus, les terres
entourent un espace ovale d'une assez grande dimension. Il est
difficile de voir un ouvrage de ce genre mieux conservé (1).

De cette position élevée, le regard embrasse la vaste plaine
qui s'étend du pied du Mont-d'Or à l'antique ville d'Anse, *Asa*

---

(1) C'est une espèce de plate-forme rectangulaire de vingt mètres sur
vingt-cinq. Un fossé de trois mètres de large et d'une égale hauteur la sépare
de la partie du mamelon qui se trouve au même niveau.

Paulini, traversée jadis par la voie consulaire qu'Agrippa, gendre d'Auguste, dirigea de Lyon vers l'Océan, par le Beauvoisis et la Picardie.

Toute la campagne environnante porte des traces de cet âge. Des tuiles, des fragments de poterie y ont été maintes fois mis à découvert par la bêche du cultivateur. Leur nombre, leur structure, leur destination payenne sont autant d'indices que les vainqueurs des Gaulois habitèrent ce territoire qui faisait partie de la colonie de *Lugdunum*, Lyon.

Dernièrement, par suite des fouilles que nécessitèrent les fondations du nouveau clocher, on a rencontré à une profondeur de 4 mètres, des travaux d'art, des ciments et des briques, portant le cachet du même temps, et offrant un témoignage de plus du séjour des Romains.

Nous signalerons enfin, à quelque distance au midi du bourg, un monceau de décombres, auquel on a conservé le nom de Château-Vieux. Quelques personnes soupçonnent qu'il y avait là un palais, *palatium*, et non sans de plausibles raisons, celui peut-être du fameux *Licinius*, intendant des impôts sous Auguste.

« *Licinius*, gaulois de naissance, captif et esclave de César
« qui l'affranchit, fut investi par Auguste de l'intendance de la
« Gaule. Il s'y livra à de barbares déprédations ; comme le tribut
« était exigible par mois, il mit le comble à ses rapines en osant
« instituer quatorze mois dans l'année. Les Gaulois adressèrent
« de vives représentations à l'empereur. Il fut d'abord indigné.
« Mais *Licinius* usa d'artifice ; il conduisit Auguste dans son pa-
« lais, et lui montrant ses trésors : Ils sont à vous, seigneur, dit-il,
« je ne les ai amassés que pour réduire les Gaulois à l'impuissance
« de vous nuire, maintenant je vous les donne. *Licinius* pré-
« vint et apaisa ainsi le courroux de son maître. » DION, liv. 54.

A ce récit de l'historien grec, Ménestrier ajoute : « Ce *Licinius*
« avait acheté la plupart des collines qui s'étendent le long de la
« Saône depuis Vaise jusqu'à Albigny, et depuis le bord de cette
« rivière jusqu'à Tarare : il voulut que ce pays portât son nom et
« fut appelé *Montagne de Licinius*. »

« Mais Auguste s'étant servi des immenses sommes de cet

« administrateur cupide pour récompenser ses officiers, ils chan-
« gèrent le nom de cette montagne, et au lieu de *Mont de Licinius*
« ils la nommèrent *Mont-d'Or*. » *Histoire civile*, page 61 et 62.

Cependant sa première désignation n'est pas entièrement tombée dans l'oubli ; Chasselay renferme encore un territoire spacieux dit : *Mont-Luzin*. Cette circonstance ne pourrait-elle pas mettre sur la voie de quelque découverte. Quoi de plus naturel et de plus logique que de faire dériver Mont-Luzin de *Mons Licinii* qu'on retrouve dans le Cartulaire d'Ainay du Xe siècle, déposé à la bibliothèque nationale, à Paris. Les 48e et 51e chartes de ce cartulaire, comptent parmi les confins de *Mons Licinii* les Bruailles, *a Brualiis*, sises précisément entre les communes de Lissieu, des Chères et de Chasselay.

Des documents archéologiques, parmi lesquels nous placerons l'existence d'une cuve en pierre de Choin antique, d'une belle proportion, dénotent que Chasselay devint ensuite une agglomération chrétienne. Cette cuve dont la forme et le travail révèlent la pieuse ancienneté devait être originairement employée à contenir l'eau du baptême. Sa destination primitive lui a été rendue ; elle est consacrée aux fonds baptismaux (1).

Ajoutons que parmi les matériaux provenant de la démolition du vieux beffroi, l'on a recueilli, en 1850, des débris de pierre et de marbre revêtus d'inscriptions tumulaires, les unes en langue latine des premiers temps du Christianisme, les autres en langue romane se rapportant à une époque moins reculée.

Il n'est pas aussi facile d'établir, mais il est permis de supposer que Chasselay fut un point fortifié dès sa naissance et qu'il servait de refuge aux colons d'alentour dans les moments d'invasion et de guerre. Comme la plupart des bourgs qui ne pouvaient offrir qu'une passagère résistance, il dut être en proie à de cruelles vicissitudes.

(1) Peut-être aussi était-ce un de ces bénitiers immenses autrefois en usage, en voici les dimensions : diamètre, un mètre vingt-cinq centimètres ; hauteur, cinquante-cinq centimètres ; profondeur, quarante-cinq centimètres. M. Montagneux, curé actuel, a eu le soin de le faire poser sur un piédestal en pierre, taillé dans le même style que la cuve.

L'église d'Ainay, l'une des plus anciennes de la Gaule celtique, construite sur le lieu même où s'élevait l'autel d'Auguste, possédait Chasselay dans son patrimoine, confondu alors avec celui des archevêques de Lyon. Ménestrier afirme qu'il a vu fréquemment ce nom mentionné dans les titres de cette abbaye de l'an 900 et de l'an 1,000, qui ont passé sous ses yeux. Il nous apprend même en quels termes : *in pago Lugdunensi*, dans le pays Lyonnais, *in agro aureacense* dans le canton du Mont-d'Or, *in villa quæ dicitur Marcellico* dans le village qu'on appelle Marcilly, *in villa Cacellico* dans le village de Chasselay (1).

Raynaud II, fils de Gui II, comte de Forez, archevêque de Lyon en 1195, exécuta de nombreux travaux de fortifications à Chasselay et dans diverses propriétés ecclésiastiques : « Il avoit
« vu si grand zèle pour l'honneur et exaltation de son église,
« dit La Mure, *Histoire ecclésiastique du diocèse de Lyon*,
« page 169, qu'il employoit à cela tous ses soins et consommait
« tous ses revenus, d'où vient qu'on void dans l'ancien obituaire
« de cette illustre église plusieurs feuillets remplis de la liste
« des libéralités qu'il y fit, et particulièrement des divers châteaux
« et magnifiques places qu'il y fit bâtir ou réparer dans les terres
« qui en dépendoient, entre lesquelles le fort de Pierre-Scise, les
« deux châteaux d'Anse, Dardilly, Lentilly, Chasselay (2). »

Jamais château fort n'avait été mieux disposé pour la défense. Mais quelque redoutable qu'on l'eut rendu, il ne pouvait résister au choc terrible que l'avenir lui destinait. Un siège malheureux attendait à un siècle de là ses superbes murailles. Ainsi se paye la célébrité.

Nous tirerons de M. Cochard, ancien archiviste de la Préfecture du département du Rhône, la relation de cet événement. Il en parle dans un article inséré à la suite de l'*Almanach de Lyon* de 1831, et surtout dans une lettre inédite qu'on a bien voulu nous communiquer.

« Pierre de Savoie, élu archevêque de Lyon en 1308, ayant

---

(1) 3ᵉ dissertation sur la première origine de la ville de Lyon, page 21.
(2) Voyez aussi l'abbé Hugues du Tems, clergé de France, t. IV, p. 367.

« résolu d'annuler de fait le traité de Pontoise consenti l'année
« d'avant, par lequel Louis de Villars, son prédécesseur, avait cédé
« au roi Philippe-le-Bel son droit de juridiction sur la ville, osa
« résister au roi de France. Celui-ci après s'être assuré des dis-
« positions du comte de Savoie, proche parent de Pierre, envoya
« un des princes de sa famille pour soumettre le prélat rebelle. Il
« vint une armée qui assiégea le château de Chasselay, le força et
« l'incendia. Pierre de Savoie, cerné dans Lyon, se vit contraint de
« se constituer prisonnier (la veille de la Magdeleine 1309). Il fut
« conduit à Paris où il recouvra bientôt sa liberté. Un traité, in-
« tervenu en 1312, assura au monarque ses droits de souveraineté
« qui n'ont pas été contestés depuis. »

Le prince de la maison de Philippe-le-Bel qui dirigea l'expé-
dition, était Louis, roi de Navarre, son propre fils, après lui roi
de France, sous le titre de Louis X, dit le Hutin.

Suivant d'autres, le vainqueur ne brûla pas Chasselay. Il y
aurait même reposé une nuit après la victoire, et aurait laissé
à la chambre où il coucha le nom de Chambre du Roi ; quelle
qu'en soit la cause, une vaste chambre attenante à la porte mé-
ridionale du village subsiste toujours, que l'on désigne sous
cette dénomination.

Ce qu'il y a de positif, c'est que le château ne fut pas com-
plètement ruiné par cette guerre que Poullin de Lumina, *Histoire
de l'église de Lyon*, page 312, rapporte avoir été longue et meur-
trière. Philippe-le-Bel qui usa de clémence envers l'archevêque,
se montra inflexible à l'égard du fort. Il le fit mettre hors d'état
de porter désormais atteinte à sa puissance temporelle. Nous
croyons que, tout en donnant des ordres sévères pour raser ce
qui en restait encore debout, il conserva l'église qui nous pa-
rait par son style antérieure, pour une part au moins, à son rè-
gne. Peut-être épargna-t-il aussi la chambre du roi, en raison
du nom même que son fils lui avait légué.

Les murs de Chasselay furent relevés cinquante ans plus tard.

Raymond Saquet, de conseiller au Parlement devenu archevêque de Lyon, ne suivit pas les errements de son devancier, Pierre
de Savoie. Loin d'entrer en lutte avec son souverain, il rendit de

grands services à l'Église et à l'État pendant les troubles qui accompagnèrent la bataille de Poitiers. Il obtint en reconnaissance la permission de réédifier le fort de Chasselay.

Le titre contenant cette autorisation émanait de Charles, fils aîné du roi de France, chargé de gouverner l'État pendant la captivité de Jean II, son père.

Nous en avons trouvé une copie, du XVIIe siècle, dans les archives des comtes de Saint-Jean réunies à celles de la Préfecture du département du Rhône.

L'intérêt et l'authenticité de cette pièce nous engagent à la transcrire textuellement :

« Charles aîné de France, régent le royaume, duc de Nor-
« mandie et Viennois. »

« Scavoir faisons à tous présents. »

« Que ouye la supplication de notre amé et feal conseiller,
« l'archevesque de Lyon, contenant que, comme son chasteau de
« Chacellay, en son diocese, pour cause de rebellion que fit l'ar-
« chevesque de Lyon Pierre de Savoie, predecesseur du dict ar-
« chevesque, qui a eté par jugement diruis et abattu, lequel chas-
« teau nous lui voulions octroyer que il le pust refaire serait tres
« bon et tres profitable pour la seureté du pays, pour ce qu'il est
« ez-frontiere de l'Empire et comme à la fin du royaume. Nous a
« cette et pour consideration des choses dessus dictes, et aussi
« des bons et agreables offices que le dict archevesque a faicts a
« notre dict seigneur et a ses devanciers roys de France et a nous,
« et faict encore de jour en jour. A icelui archevesque avons octroyé
« de grace spéciale et de certaine science, et authorité et plein pou-
« voir royal duquel nous usons, et par ces présentes octroyons
« que le dict chasteau il puisse et lui loise faire construire et ree-
« difier non contestant qu'il eut eté diruis et abattu comme dict
« est ni autres uses et coutumes, ordonnances ou mendemens a
« ceux contraires, ci donnons en mandemens au ballif de Mascon
« et a tous autres justiciers de notre dict seigneur et nostres que
« notre dict conseiller fassent et laissent a plein jouir et user de
« nostre presente grace et contre la teneur d'icelle ne empeschent
« ni souffrent estre empesché en aucune manière et que soit ferme

« chose et stable a toujours, nous avons faict mettre notre scel a
« ces presentes, sauf le droict de nostre dict seigneur en autres
« choses et l'autrui en toutes.

« Donné à Meaux, l'an de grace mil trois cents cinquante
« huit, au mois de juillet. »

Ce second fort devait disparaître comme le premier, non par l'effet de la violence, mais par l'action lente du temps et par suite du changement continu qui s'opère dans les institutions et dans l'esprit des peuples. Un riant village a surgi qui tend tous les jours à en effacer les derniers vestiges.

C'est ce qu'a très-bien peint M. Bolo, dans l'*Album du Lyonnais*, année 1843, page 31, lorsqu'il a dit :

« Les destinées de ce château se sont bien amoindries, les
« tourelles avec leurs machicoulis, les ponts-levis, les fossés im-
« menses, les donjons avec leurs créneaux, tout cela a disparu...
« Il ne reste plus que les deux portes ogivales en pierre, donnant
« accès au groupe de maisons qui se relient à l'église ; ces mai-
« sons forment le bourg, et il repose ainsi sur l'emplacement de
« l'ancien fort. »

« Chasselay fut, depuis le XVIe siècle jusqu'à la première ré-
« volution, la résidence des hauts et puissants seigneurs Bertrand
« de Polverel et Masso de la Ferrière. Ces nobles barons avaient
« droit de justice dans la baronnie dont le siége était Chasselay ;
« ils en prenaient le titre. »

« Ce village a vu naître le général Macon que Napoléon nomma
« sous-gouverneur de son château des Tuilleries en 1806, et Do-
« dat, célèbre industriel, fils de ses œuvres, qui éleva dans Paris
« le beau passage auquel son nom est resté attaché. »

Les produits du pays consistent en vin, céréales, bois, fourrages, beurre, laitage et excellents fruits.

Il y a, à Chasselay, des eaux férugineuses et une mine abandonnée où l'on trouvait du plomb argentifère. Découverte en 1750, elle a été exploitée jusqu'en 1783.

Chasselay possède un bureau de direction de poste, un bureau de bienfaisance, une école communale pour les garçons, entièrement gratuite, confiée à des frères maristes (90 élèves) ; une école communale pour les filles (60 élèves), dirigée par les sœurs de St-Charles qui tiennent aussi un pensionnat; une association de secours entre ouvriers; une pompe à incendie de fort calibre avec une compagnie de sapeurs-pompiers souvent appelée à porter des secours dans les paroisses voisines; deux foires de création immémoriale l'une au 6 mai, l'autre au 28 décembre pour les bestiaux de toute espèce, le chanvre et les merceries; et un marché hebdomaire fondé depuis peu d'années.

On doit remarquer encore à Chasselay une fontaine et un lavoir publics, une maison commune achetée en 1843 et une église dont nous aurons bientôt à parler.

Son territoire est admirablement desservi: un chemin de grande communication, établi en 1846, tendant de Chazay à Neuville, coupe, au bas de Mont-Luzin, la route nationale n° 6, traverse le bourg et le relie ainsi aux vallées de la Saône et de l'Azergue.

A cette artère principale aboutit un grand nombre de chemins vicinaux, quelques uns récemment ouverts, la plupart élargis et réparés, et presque tous dans un état d'entretien qui atteste que la population a compris l'importance de ce mode nouveau d'amélioration.

Un notaire et un percepteur résident à Chasselay. Il y avait naguère dans cette paroisse une justice seigneuriale, un procureur du fisc et trois notaires. Elle dépendait de l'archiprêtré d'Anse, de l'élection et de la sénéchaussée de Lyon, et comptait les Chères comme annexe. Le curé d'Ainay nommait à la cure. Depuis la création des cantons en 1790, jusqu'en 1805 où il y eut un remaniement dans la division du territoire, elle fut le chef-lieu d'un canton civil, elle est encore le chef-lieu du canton ecclésiastique.

Le cardinal Fesch, primat des Gaules, comte, sénateur, grand aumônier de l'empire, donna, en 1809, la confirmation aux enfants de Chasselay et des villages circonvoisins. M. Condentia en occupait alors la cure, entouré de l'affection de ses paroissiens, dont il était le digne pasteur. Il justifiait pleinement l'estime que lui portait le cardinal, et pendant que celui-ci refusait, en

1810, l'archevêché de Paris, M. Condentia, animé du même esprit évangélique, refusait les postes élevés que lui offrait son évêque. Leur intimité attira plusieurs fois le respectable cardinal dans l'humble presbytère du curé de campagne.

En 1814, Le Prélat fut compris dans la loi de proscription dirigée contre les membres de la famille Bonaparte, mais l'exil, en le fixant dans la capitale de la chrétienté, n'affaiblit point en lui les souvenirs qui se rattachaient à son diocèse et à la France.

Un artiste, appartenant à une famille de Chasselay, étudiait en 1839 la peinture à Rome, lorsque des bruits alarmants circulèrent sur la santé du cardinal Fesch. Enhardi par la réputation de bienveillance dont jouissait cet archevêque, il demande à le voir. C'est un Lyonnais, il est sur le champ introduit. Il décline son nom, il indique son pays, et le cardinal d'oublier son âge et ses souffrances dans l'abandon d'une conversation familière, de lui parler avec un vif intérêt du clergé de Lyon, tenu en si haute estime à Rome, de lui demander des nouvelles de l'excellent curé Condentia avec une telle effusion de cœur que le visiteur n'eut pas le courage de lui apprendre que le curé Condentia n'existait plus.

Le Cardinal Fesch était dans sa 76e année, sa mémoire avait conservé toute sa fraîcheur et il semblait se plaire à prolonger un entretien dont les interlocuteurs ne devaient pas se revoir. Quinze jours plus tard, le vénérable exilé rejoignait le curé Condentia dans la tombe, et le village de Chasselay pouvait revendiquer l'honneur d'avoir eu sa part de ses dernières paroles et de ses dernières bénédictions.

Dans la France par canton et par commune, M. Théodore Ogier a rédigé, en 1847, un long article sur Chasselay. Nous en extrayons quelques passages qui nous aideront à compléter cette notice.

« L'église de Chasselay, sous le vocable de saint Martin, est
« composée d'une nef dont le plafond a la forme d'un carré long ;
« à cette nef se sont adjointes, à diverses époques, des chapelles
« pouvant préparer des côtés latéraux pour une nouvelle dis-

« position d'ensemble (1). Mais ces adjonctions n'ont point en-
« levé à la partie ancienne de l'édifice, le chœur et le portail, ce
« qu'ils ont de grave et de grandiose, le style roman. »

« Nous avons remarqué dans cette église plusieurs morceaux
« d'antiquités bien conservés, entre autres une aiguille en pierre
« de sculpture gothique, d'une forme élancée et d'un travail mi-
« nutieux et recherché. »

Cette aiguille est de la fin du XIVe siècle. Elle a été découverte (il y a bien longtemps) enfouie dans le sol à l'endroit occupé jadis par le village de Saint-Hilaire, sur la limite de Chasselay et de Saint-Germain. Ces deux communes se la disputèrent
vivement, et, comme elles ne pouvaient s'entendre, elles con-
vinrent d'atteler chacune, aux extrémités opposées du même
trait, deux jeunes taureaux indomptés et de les faire lutter de
force. La possession de l'aiguille devait être le prix des vainqueurs.

Les taureaux de Chasselay l'emportèrent. Telle est la chro-
nique. Elle est toujours racontée par les vieillards avec un ac-
cent de triomphe qui l'inculque dans la mémoire des enfants et
leur permet de la faire figurer, à leur tour, parmi les récits de
la veillée.

M. le curé Jolibois pense que cette aiguille était probablement
la partie supérieure d'un *Repositorium*, dans lequel on avait
coutume de déposer le Saint-Sacrement après l'office. On l'y ren-
fermait avec soin, comme cela se pratique aujourd'hui sur l'autel même. Le *Repositorium* était placé dans une partie quelcon-
que de la sacristie ou du chœur.

Reprenons le texte de M. Ogier.

« La chaire, quoique moderne et sculptée dans le pays,
« mérite d'être citée (1). »

(1) Il y avait quatre chapelles. Elles dépendaient des fiefs du Plantin, de
Mont-Luzin, de Belle-Scise et de Machy. Ces propriétés en ont joui, le
Plantin jusqu'en 1835, Belle-Scise jusqu'en 1839, Machy jusqu'en 1843.
Mont-Luzin jouit encore de la sienne. Les trois autres ont été réunies à
l'église.

(1) Elle a été exécutée par un ouvrier de Chasselay, sous la direction de
M. le curé Montagneux.

« Les boiseries du chœur, provenant de la chapelle du château
« de Belle-Scise, sont d'un bon effet par le travail qui les dé-
« core et surtout par la sage disposition qu'on en a su faire (1).
« La coupole est vaste et magnifique. »

Elle est, en effet, très-remarquable, quoique divisée en deux parties; l'une, au-dessus de l'autel, est ogivale; l'autre, au-delà, est formée par un plein cintre dont on ne peut bien comprendre la hardiesse qu'en se reportant au moment où il fut construit, vers le Xe siècle. La poussée énorme des voutes à laquelle on ne savait trop comment obvier alors, occasionnait un obstacle et des dépenses devant lesquels les architectes reculaient presque toujours. L'aire du chœur, suffisamment élevée pour le mettre parfaitement en évidence, laisse entrevoir le style roman qui s'y montre dans sa pureté et dans sa simplicité natives. Toute la décoration intérieure se compose, pour l'abside, de petites colonnes surmontées par des arceaux plaqués contre la muraille. Sur ces colonnettes reposent des chapiteaux représentant des feuilles d'acanthe informes ou des cones renversés, grossièrement tronqués et tellement primitifs, qu'elles ne peuvent appartenir qu'à la période romano-byzantine primaire. L'avant-chœur communique avec la nef par une arcade majestueuse. Elle offrait d'autant plus de difficulté dans l'exécution qu'elle supportait le clocher. Placé sur le chœur même, il s'élevait avec majesté, mais avec pesanteur et était éclairé dans le haut par des fenêtres géminées, plein cintre.

Nous croyons que M. Ogier n'a pas assez insisté sur ce que la disposition générale de l'édifice est précisément celle des premières églises fondées sur le modèle des basiliques ou bazards des Romains et des Grecs, qui se composaient d'un rectangle oblong terminé circulairement à l'est.

Les détails architectoniques et ce que nous savons du caractère de Reynaud II, si occupé de construire des églises pendant

---

(1) C'est M. Rosier, devenu acquéreur de la partie du château de Belle-Scise, où se trouvait la chapelle, qui, en 1837, a fait don à la commune de ces belles boiseries.

sa vie, concordent pour lui attribuer la majeure partie de ce monument. Il n'a pas dû réparer le fort sans réparer en même temps l'église. C'était de règle en pareil cas, et un archevêque n'a pu y manquer. L'abside dépendait, selon toute apparence, d'une chapelle antérieure, le trouvant en bon état, on l'aura englobé dans une restauration conçue sur une plus grande échelle.

Ce sanctuaire semi-circulaire est incontestablement un morceau d'architecture fort ancien et des mieux conservés.

Quelles que soient les réparations projetées pour l'avenir, il est destiné à être maintenu. L'ardeur de réédifier ne doit pas aller jusqu'à la fureur de démolir. Il y a des ruines qu'il faut respecter et qu'il vaut mieux soutenir qu'abattre. Les habitants de Chasselay n'ignorent pas que le chœur de leur église est de ce nombre. Ils en connaissent le prix et leur intention bien arrêtée est de le garder intact.

La même possibilité n'existait pas pour le clocher. Sa vétusté était telle, qu'il fallut songer, quoique à regret, à le détruire. Depuis longtemps des lézardes s'étaient manifestées, qui s'élevaient de la base jusqu'au sommet et faisaient redouter de graves accidents; l'administration municipale s'occupa de prévenir l'imminence du danger. Elle choisit pour architecte M. Bernard, avantageusement connu par plusieurs constructions du même genre. Celui-ci pensa qu'il convenait de saisir cette occasion d'agrandir l'église, en érigeant une façade neuve à la place du porche. Dans cette paroisse, d'une population limitée, l'on recueillit, en 1847, une abondante souscription volontaire. Les événements de l'année suivante ne permirent de l'employer que lorsque la tranquilité publique fut un peu rétablie.

A mesure que l'édifice sortit de terre, l'on s'aperçut à la bonne disposition des plans, à l'effet qu'ils produisaient dans l'application, qu'en autorisant l'architecte à dépasser son devis, il serait aisé de faire d'un objet d'utilité un véritable objet d'art. Un second appel à la générosité des habitants amena un supplément de souscription qui seconda ce projet.

Grâce à des secours de toute nature, l'ouvrage se trouva assez avancé, le 25 novembre dernier, pour que le *Salut Public*, journal de Lyon, pût s'exprimer ainsi :

« Dans le délicieux paysage qui se déroule au pied du Mont-
« Verdun, le clocher de Chasselay, grâce à l'activité de l'archi-
« tecte, M. Bernard, commence à poindre à l'horizon. Cette com-
« mune s'est imposée des sacrifices considérables pour rempla-
« cer son vieux beffroi menaçant ruine, par une façade et une
« flèche nouvelles qui s'élèvent avec un caractère vraiment ar-
« tistique ; elles offrent une ingénieuse application du style
« ogival primaire du XIIIe siècle. Le fini du dessin et la teinte
« des matériaux, parfaitement en harmonie avec la beauté du
« site de Chasselay, trop peu connu, en feront une des plus
« jolies créations de ce genre. »

« Il est consolant de voir qu'à une époque où la politique et
« les intérêts matériels semblent tout absorber, les populations
« se préoccupent vivement des monuments voués au culte. Elles
« ne reculent devant aucun obstacle et prouvent par leur zèle
« et leur bonne volonté, que non seulement les sentiments de
« foi ne sont point éteints en elles, mais qu'elles tiennent encore
« à en perpétuer le souvenir. »

Cette citation sera la dernière. Elle couronnerait naturellement notre sujet, si, depuis l'article du *Salut Public*, l'œuvre des habitants de Chasselay n'avait fait un pas immense. Nous ne saurions trop insister sur ce qu'elle offre de remarquable. C'est à la fois un monument local et un ornement pour toute la contrée. Elle ne sera même pas perdue pour le voyageur rapide du chemin de fer, de Paris à Lyon, qui n'en passera qu'à une demi-heure. De ce point, comme de tant d'autres, cette flèche élancée se dessinera avec éclat sur la verdure des bois de la montagne.

Cependant, rien n'est encore achevé ; les ressources de Chasselay se sont épuisées avant son zèle, et les travaux restent aujourd'hui tristement suspendus.

Faisons des vœux pour qu'une entreprise aussi louable ne demeure pas longtemps incomplète. La juste récompense de tant de soins et de tant d'efforts, c'est le succès; il est louable à une génération de le tenter et d'essayer en quelque sorte à elle seule, d'aquitter la dette des générations futures.

Honneur aux communes qui se dévouent à une si lourde et si noble tâche ! Honneur aux artistes qui leur prêtent l'appui de leur talent !

Mai 1852.

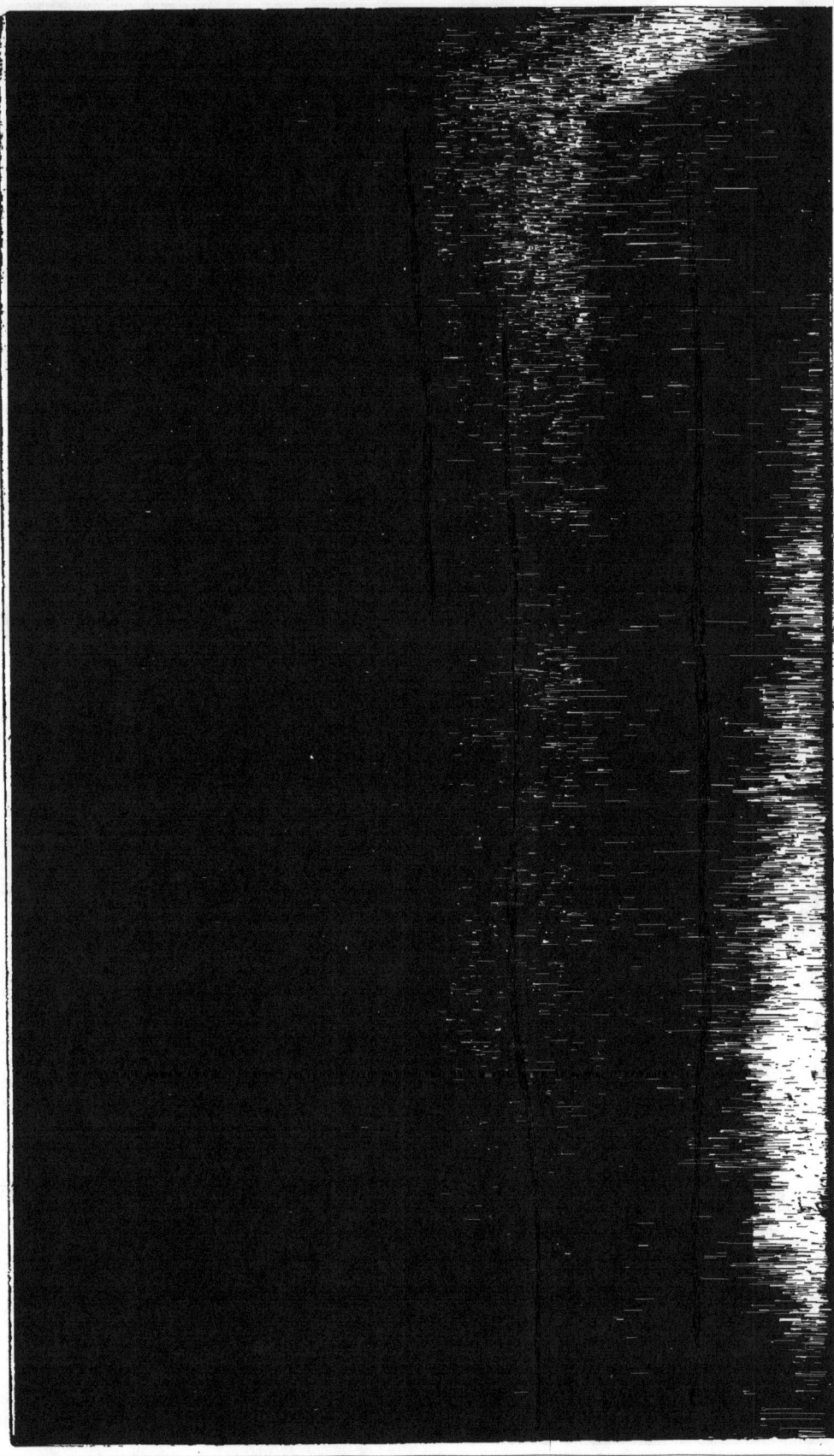

www.ingramcontent.com/pod-product-compliance
Lightning Source LLC
Chambersburg PA
CBHW060926050426
42453CB00010B/1871